化度寺碑

中国经典碑帖临摹范本

依据教育部《中小学书法教育指导纲要》编选书目

王鹏江　主编　大麓书院　编

北方联合出版传媒（集团）股份有限公司
万卷出版公司

碑帖介绍

《化度寺碑》全称《化度寺故僧邕禅师舍利塔铭》，镌于唐贞观五年（631），李百药撰文，欧阳询楷书，共三十五行，每行三十三字。原碑在长安（今西安）终南山佛寺，北宋庆历年间石毁后翻刻甚多。

《化度寺碑》是欧阳询晚年力作，书法平正清穆，丰腴悦泽；用笔瘦劲刚猛，结体内敛修长，法度森严。

《化度寺碑》的妙处，在于严劲缜密，神气深隐，具有体方笔圆之妙，有超尘绝世之概。同时，此碑模勒之工，非后世所及，故称楷法极则。清光绪二十二年（1896）敦煌石室曾发现唐拓本，为法国人伯希和携往国外，分存于法国巴黎图书馆、英国伦敦博物馆。近年敦煌石室发现一个残本，存二百三十六字，摹拓颇为精彩。

相关知识

欧阳询书法最初仿效王献之，后独辟蹊径自成一家。他的书法成就以楷书为最，笔力劲险，结构独异，后人称为『欧体』。『欧体』源于汉隶，骨气劲峭，法度谨严，于平正中见险绝，于规矩中见飘逸，笔画穿插，安排妥帖。

欧阳询的楷书无论用笔、结体都有十分严肃的程式，最便于初学。后人根据欧阳询的结字特点总结了三十六种结体的法则，称为『欧阳结体三十六法』。

『欧阳结体三十六法』是欧阳询根据汉字形体特征，结合临书体会，传授的书法技巧。此法分排叠、避就、顶戴、穿插、向背、偏侧、挑挖、相让、补空、贴零、粘合、满不要虚、意连、覆冒、垂曳、借换、增减、应副、撑住、朝揖、救应、附丽、回抱、包裹、却好、小成大、大成小、小大成形、小大大小、左小右大、左高右低、左短右长、褊、各自成形、相管领、应接共计三十六个条目，各条目先谈技法，分析得失，指明要点，次举实例，有的还引证他说以助理解，并由运笔入手，介绍书法的结体、构成和关系。

此法条目清晰，叙述简要，理论妥切，概括精辟，并且所举字例也十分典型得体。在书法研究领域中，开创了一种分类解字的全新形式，对于书法研习者分析汉字形体特征确有指点迷津的功效。

时代背景

唐人尚法

楷书正是在唐朝这个书法史上的『集大成』时期发展成为一种成熟的书法字体，并出现了欧、虞、褚、薛、颜、柳等一批擅长楷书，同时又各有自己风格的书法名家。

整个唐代楷书，初唐欧阳询书风点画劲挺，结体瘦峭。中期颜真卿的书法风格与其相反：点画浑厚，结体宽博。到唐晚期，柳公权融合欧、颜两家风格特点，采取折中的表现办法，写得雄秀挺拔。这三位书家的作品标志了唐代楷书的正反合发展的三个过程。

唐代的经生书无疑受到当时社会的书法艺术观念的左右。由于经生们社会地位低下，因此即使其中有书法出众独具一格的字体，也不像身在官场的王羲之、欧阳询、颜真卿、柳公权的字那样为社会赞赏和推崇；相反，经生们为了把自己抄写的商品比较容易地转换为经济收入，在字体上必然要追逐时尚、宗法名家；而且在抄写的书籍篇幅里要尽量做到字体规则划一。

书法史里关于『唐人尚法』的评论，可能并不包括经生书，但是无论是唐代还是后世的经生书，其『尚法』的程度都远超一般的手写字体。唐兰先生在《中国文字学》里指出：『经生书是继承章程书（就是正书）的嫡统的，以书法而论，往往可能入品的，它们的毛病，只是写得太多太熟，也太拘于成法。』然而，这种整齐划一的字体，对于书籍用字来说，比其他书法字体更适用。

唐化度寺邕禪師舍利塔銘九百三十字本

詒晉齋藏

宋拓化度寺舍利塔銘

鄭齋珍藏

[illegible]丑十二月書于

[illegible]甫[illegible]室

唐化度寺邕禪師舍利塔銘
同治六年八月儀徵吳讓之署檢

宋搨化度寺邕禪師塔銘
詒晉齋舊藏王孟陽本
乙丑九月桐緣題

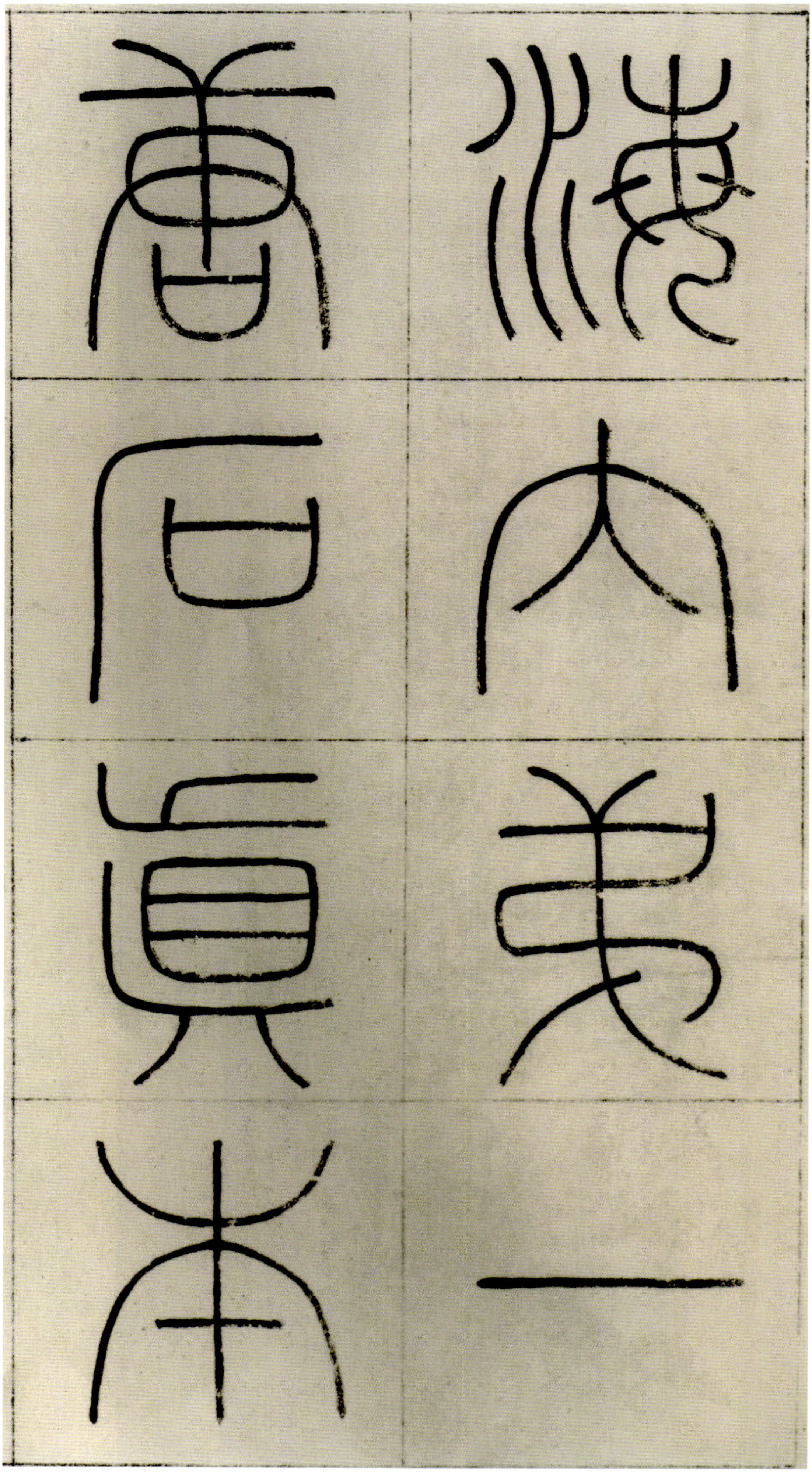

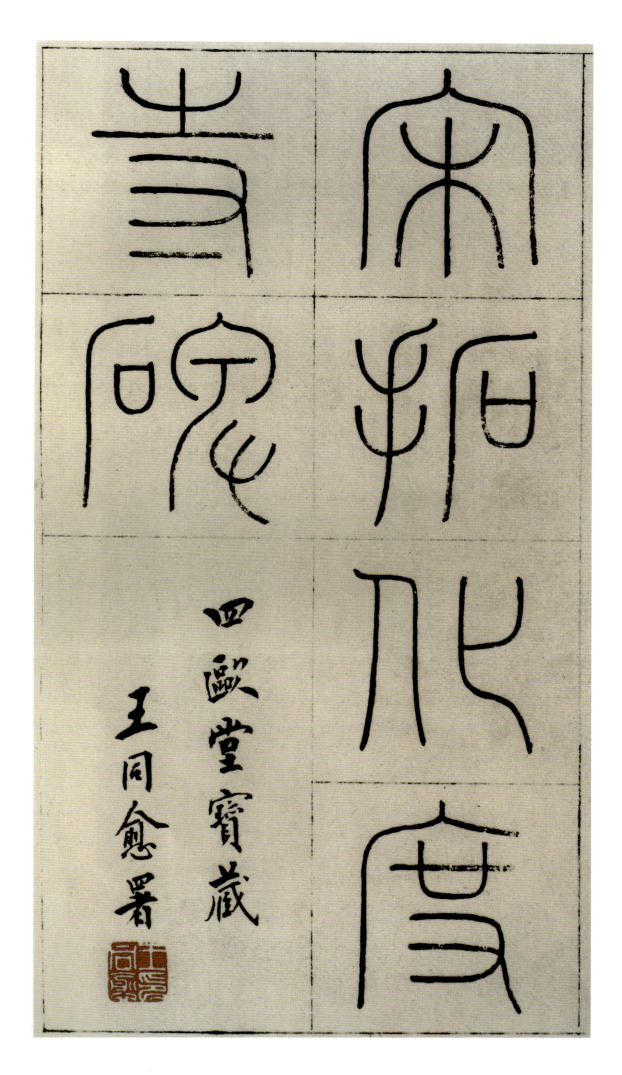

宋拓化度寺碑

四歐堂寶藏

王同愈署

勘碑圖
吾家化度寺碑王孟揚本翁覃溪先生
題為宋翻宋拓本余嘗以燉煌唐拓
殘字影本校之剝蝕悉合纖毫無失
可證翁氏之謬丙寅夏上虞羅叔言天
南旋顧余四歐堂勘賞竟日歎為海內
第一宋拓唐石真本因作勘碑圖于冊
端誌石墨盛事也吳湖帆并記

化度寺碑式

以裱本每行十字工部營造尺度七寸 每行卅三字約二尺三寸強
廣以卅五行計之約二尺五寸左右

化度寺故僧邕禪師舍利塔銘
蓋聞人靈之貴天象攸憑稟仁義之和感
端宗其道者三教殊源異軫類聚群分或
控鶴乘鸞有繫風之諭滄霞御氣致捕影
運弘濟群品極衆妙而為言冠玄宗以立
神支貽照靈心澄神禪觀則有化度寺僧
有周氏積德累功慶流長世分星判
咨郭泰則人倫攸屬聖賢遺烈弈葉
明典禮禪師含靈福地擢秀華宗
發自髫年仁心救蟻始於廾歲口
觀入室精勤不倦聰敏絕倫口覽
臏釋典風鑒疎朗豁然開悟聞法
錙銖軒冕糟粕丘墳年十有三
戒行勤苦道標方外聲溢區中
嘗撫禪師而謂諸門徒曰五亭
栖託遊處後屬周武平齊像
巖之下膏茅成室蘿裳薜帶
為群猛鷙毒螫之徒潛形
奇禽異獸欑集庭宇俱
予時有魏州信行禪師

右庶
製文
率更令
窮理盡性通幽洞微研
功勞而寘要文勝則史禮煩斯
於察報應之方窮死生之變大慈
唯真如之設教焉若夫性與天道契協
禪師者矣禪師俗姓郭氏太原介休人昔
潘維蔡伯喈云虢者郭也虢叔乃文王所
祖憲荊州刺史早擅風猷父韶口陵太守深
弱齡神識沉靜率由至道冥符上德因戲成塔
業門多貴仕時方小學齒胄上庠始自趨庭便
尤明老易然雅有志尚高邁俗情時避僧寺伏
微妙毛髮同喜瞻滿月之圖像身心俱淨於是
入道於鄴西雲門寺依止稠禪師稠公禪慧通口
觀暗投欣然驚異即授受禪法數日便詣幽深稠公
念盡在此矣頭陀蘭若畢志忘疲仍来往林慮山中
入白鹿深山避時削跡藏聲戢曜枕石漱流
衣餌朮滄松嘗無麻麦之飯三徑斯絕百
糞
就白鹿青鸞
犨效趾呈祥每梵音展禮焚香讀口
歡心疑聽受及開皇之初弘
倚畢来俯伏狠如
明口佛性太轉法輪
世之異人為玄門之益
釋教
以道隱

葺誤膏
于誤予
大誤太
遊誤避

神誤袖

之辰習當根之業知道
所聞也宜盡弘益之
禪師被勑徵名乃
觀五年十一月十
其月廿二日奉
行禪師靈
霜而未彫

師遯世幽居遣人告曰脩
昭示流俗禪師乃出山與信行
隨入京京師道俗莫不遵奉信行禪
終於化度寺春秋八十有九 聖上崇敬
於終南山下鴟鳴埠禪師之遺令也徒衆
左禪師風範凝正行業精勤十二部經嘗甘露
託跡禪林避心定水涉無為之境絕有待之累
體道藏器未若道安之遊樊沔對鑿齒而自伐
主及還袖淨土委質陁林四部奔馳十方歸萋
景行乃述銘云
夷法性自有成空從凡入聖于昭大士遊
真累明成照積智為津行識非想禪
靈應無像神行匪速敦彼開導去茲
人忘己真宅斯存剎
淨域

濟度為先
告
行

善其身非
皇九年信行
持徒衆以貞
贈帛追福即口
收其舍利起塔於
俱盡五百具戒淩
寓形巖穴高步京華
天慧遠之在廬山折桓
豈止寢歌輟相口臥損珠
正德潤慈雲心懸靈鏡
觀盡三昧情銷六塵口
絕有憑群生仰福風火
樂永謝口口重昏

捐誤損

口口樂永謝

丁卯之春以閬中陳湘生先生之介得大興翁覃溪學士校定化度寺塔銘摹本文凡卅五行每行卅三字然翁氏據殘本係約定本之未免有謬因重校續于右第二行缺式翁本以右鹿予右字在第二字度字相並卑更令卑字与製文下祇空一格第十七行齋像下有徒林靈三字謹像字下係石斷處第廿五行崇敬下空一格贈帛追福四字并書三格以第廿六行首之其月書于廿五行之末廿六行以廿二日起行奉字下泐處意填遺信行禪師靈塔數字俱可徵其謬余以石之斷文聯合處校定如前于化度原石或不致大謬矣願當世賢達有以正焉吳湖帆記于四歐堂

舍利：又称『舍利子』。本指释迦牟尼佛遗体火化后结成的坚硬柱状物，后泛指佛教徒遗骸。这里的『舍利塔』也是泛指。

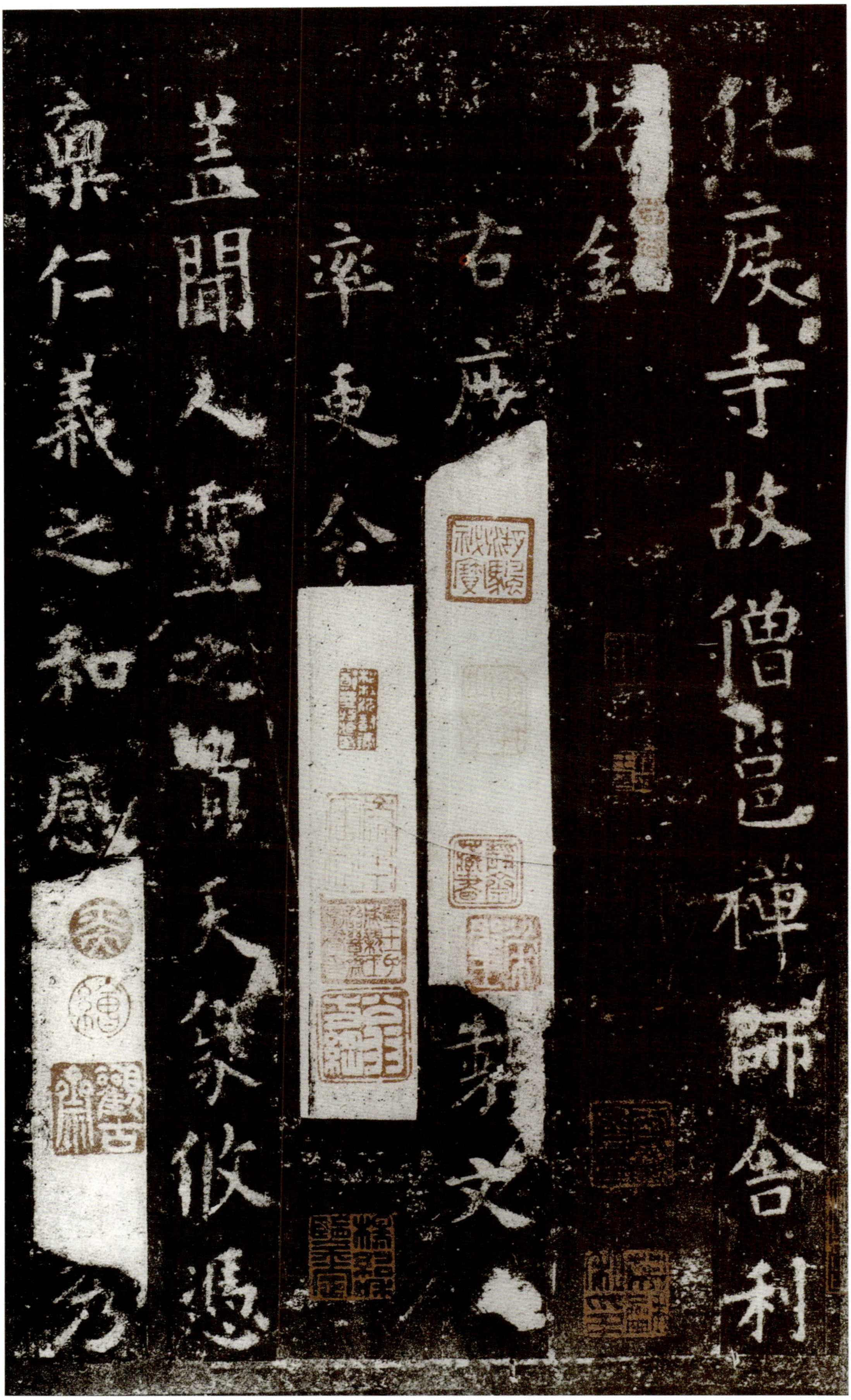

化度寺故僧邕禅师舍利塔铭。右庶（子李百药）制文。率更令（欧阳询书。）盖闻人灵之贵，天象攸凭，禀仁义之和，感（山川之）秀，

穷理尽性：穷究天地万物的道理与品性。

殊源异轸：不同源头，不同发展。轸，这里泛指车。

文胜则史：语出《论语·雍也》：『质胜文则野，文胜质则史。』文，文饰或文化。

黩：滥。

系风：系住风，比喻虚幻不能实现的事情。

谕：通『喻』，打比方。

餐霞：吃食日霞，指修仙学道。

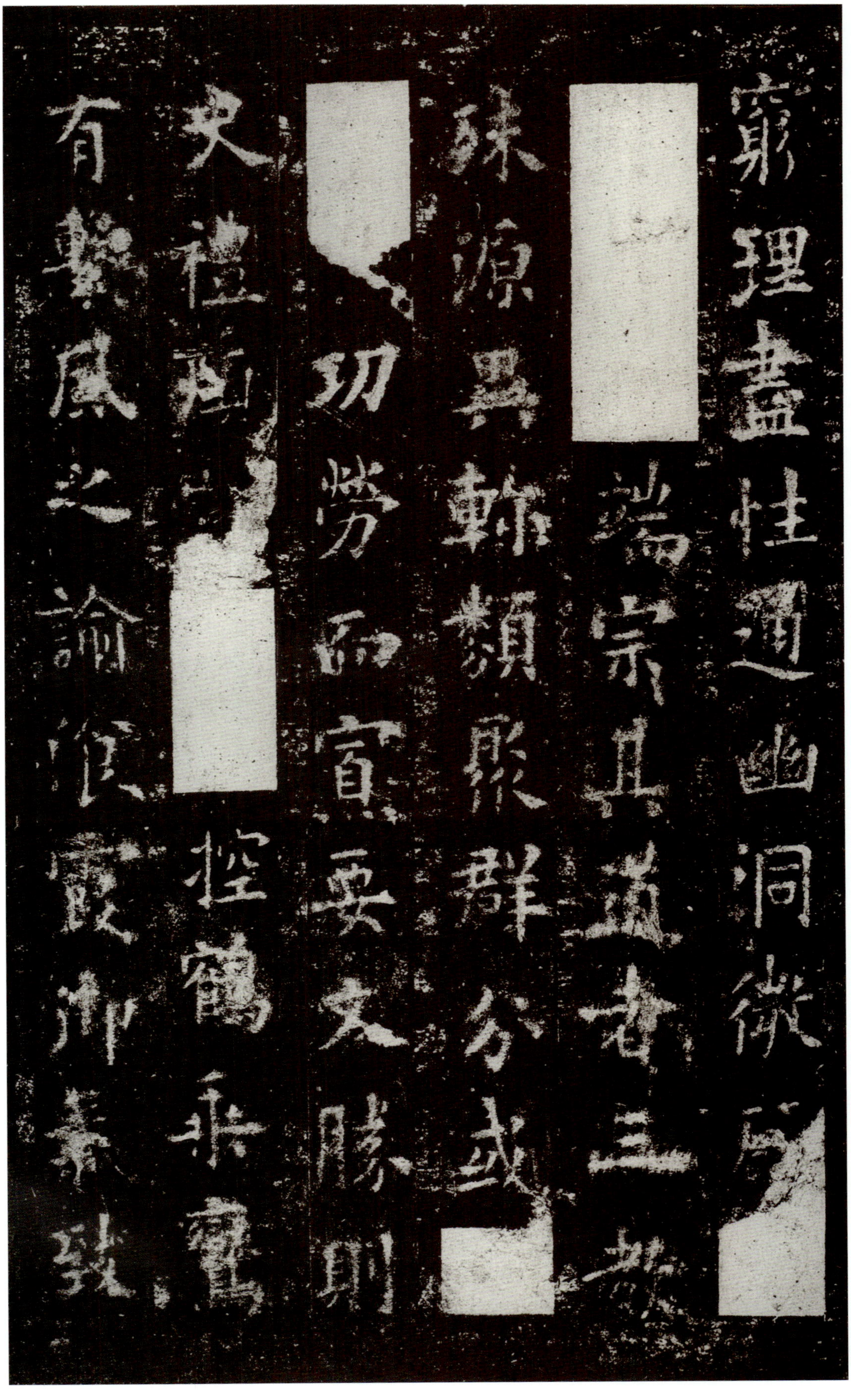

穷理尽性，通幽洞微。研（其 虑者百）端，宗其道者三教。殊源异轸，类聚群分。或（博 而无）功，劳而寡要。文胜则 史，礼烦（斯黩。或）控鹤乘鸾， 有系风之谕。餐霞御气，致真如：指佛教，与实相、法界等同义。

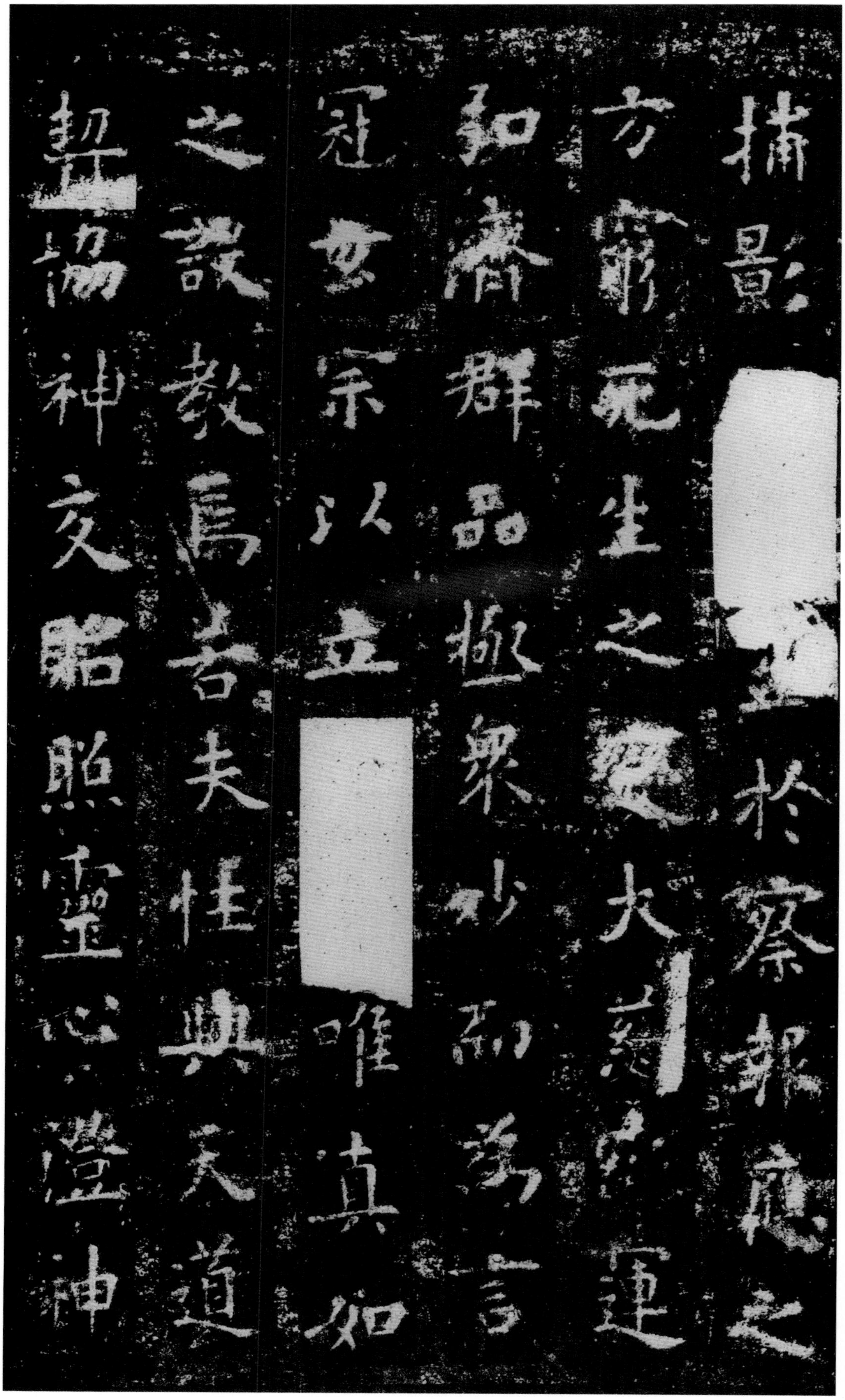

捕影（之讥。）至于察报应之方，穷死生之变。大慈广运，弘济群品。极众妙而为言，冠玄宗以立（德，其）唯真如之设教焉？若夫性与天道，契协神交，贻照灵心，澄神

藩维：指藩国。语出《诗经·大雅·板》：『价人维藩。』

蔡伯喈：蔡邕，东汉末年文学家、书法家，汉献帝时权臣董卓当政时，拜左中郎将，故后人也称他为『蔡中郎』。

虢叔：周文王的弟弟，周武王的叔叔。西周初年由周武王封于虢地，号曰『虢公』，其后代以郭为姓。

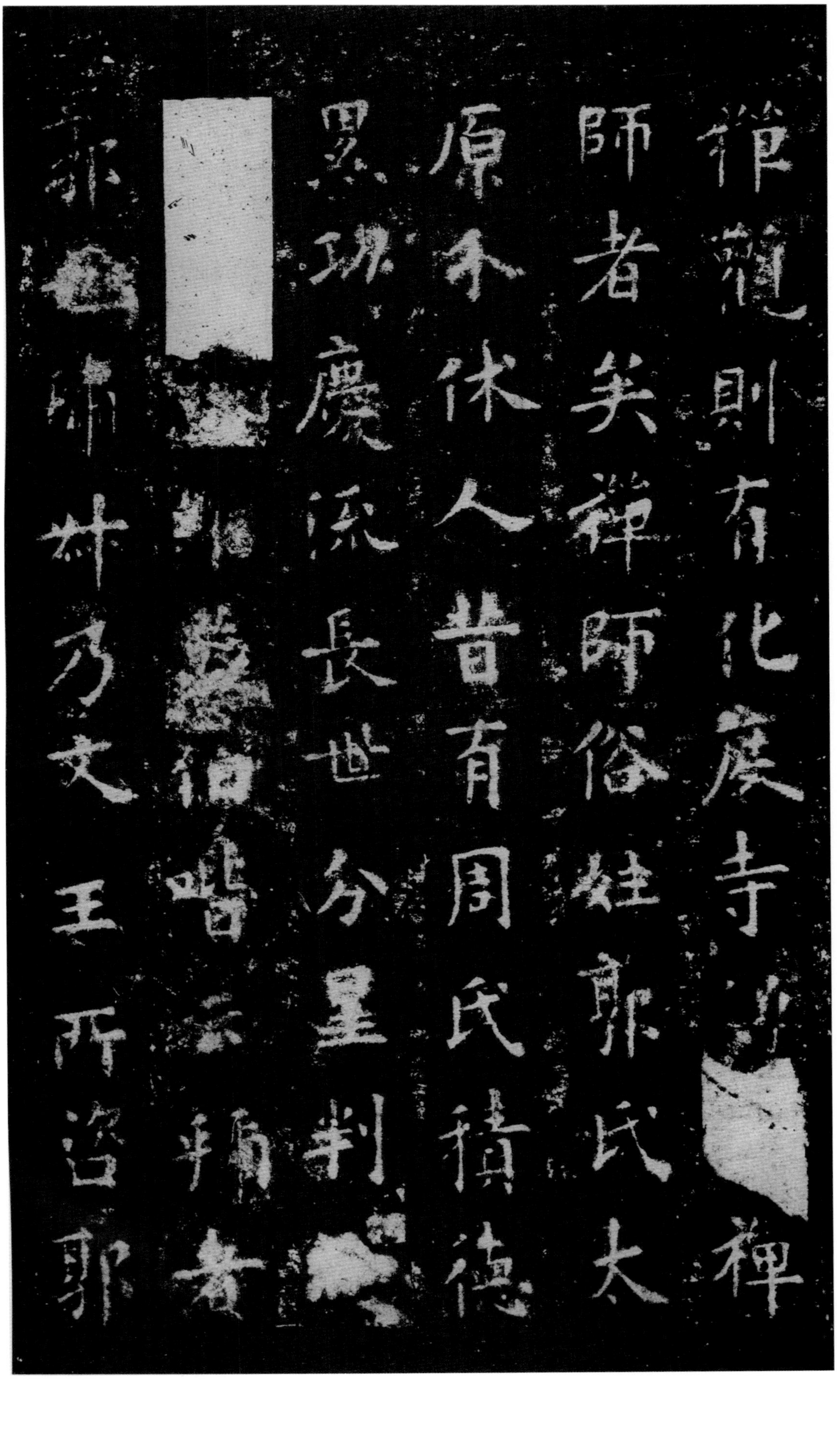

禅观，则有化度寺僧（邕）禅　师者矣。禅师俗姓郭氏，太　原介休人。昔有周氏，积德　累功，庆流长世，分星判（野，　大启藩）维。蔡伯喈云：『虢者，　郭也。』虢叔乃文王所咨，郭

郭泰：也作郭太，字林宗，太原介休人，东汉末学者。

攸：属。

弈叶：累世、代代。弈，通『奕』。

冥苻：即『冥符』，天生的默契。

上德：指佛教修行之德。

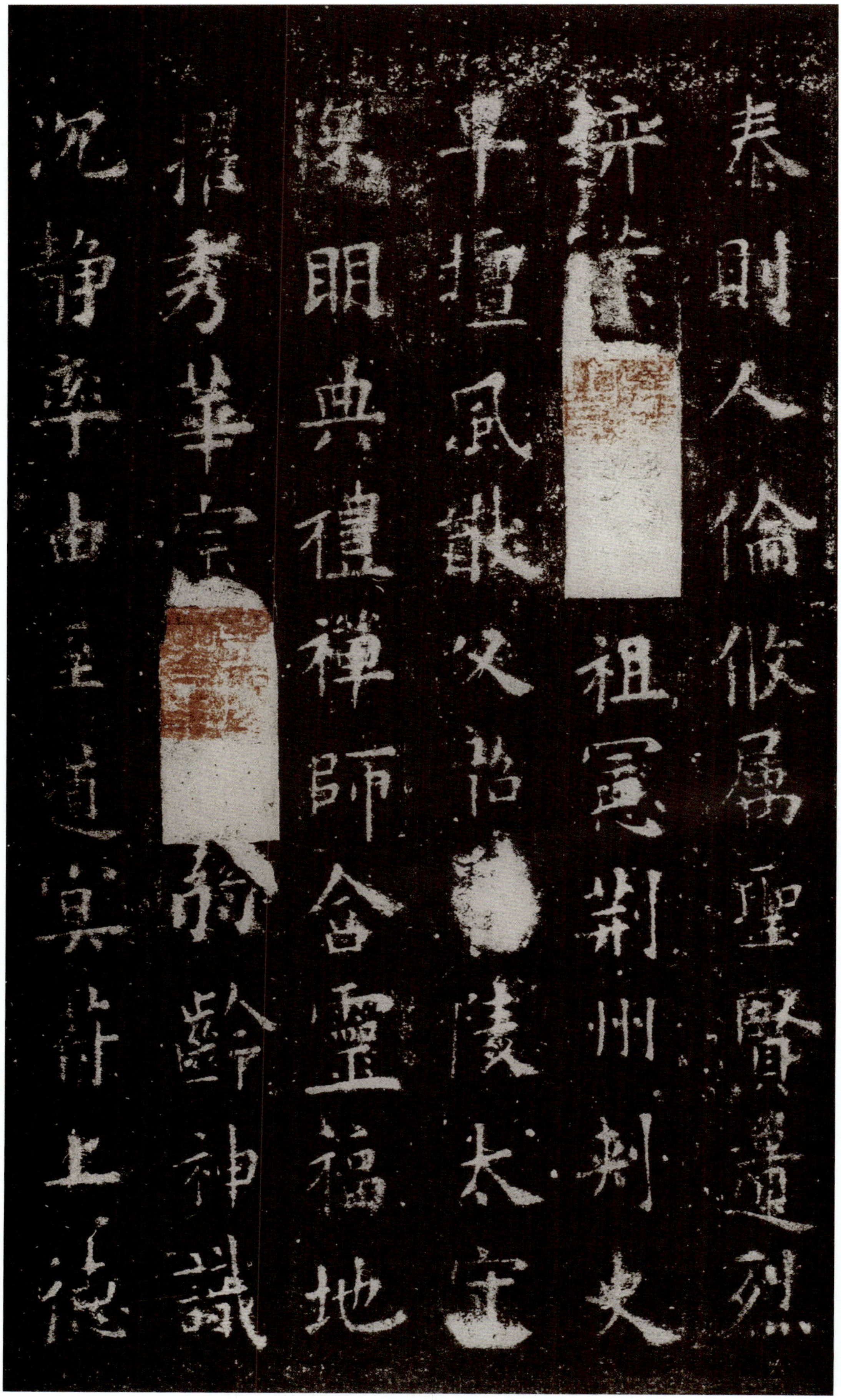

泰则人伦攸属。圣贤遗烈，弈叶（其昌。）祖宪，荆州刺史。早擅风猷。父韶，（博）陵太守，深明典礼。禅师含灵福地，擢秀华宗。（爰自）弱龄，神识沉静，率由至道，冥苻上德。

齿胄：本指帝王或贵族之后依照年龄排序入学，这里为引申义。

上庠：上学。

趍庭：语出《论语·季氏》，指子承父教，这里引申为初入学校。

入室：比喻学问已达到比较深的境界。

因戏成塔，发自髫年；仁心救蚁，始于廿岁。（世传儒）业，门多贵仕。时方小学，齿胄上（庠）。始自趍庭，便观入室。精勤不倦，聪敏绝伦。（博）览（群书），尤明老易。然雅有志

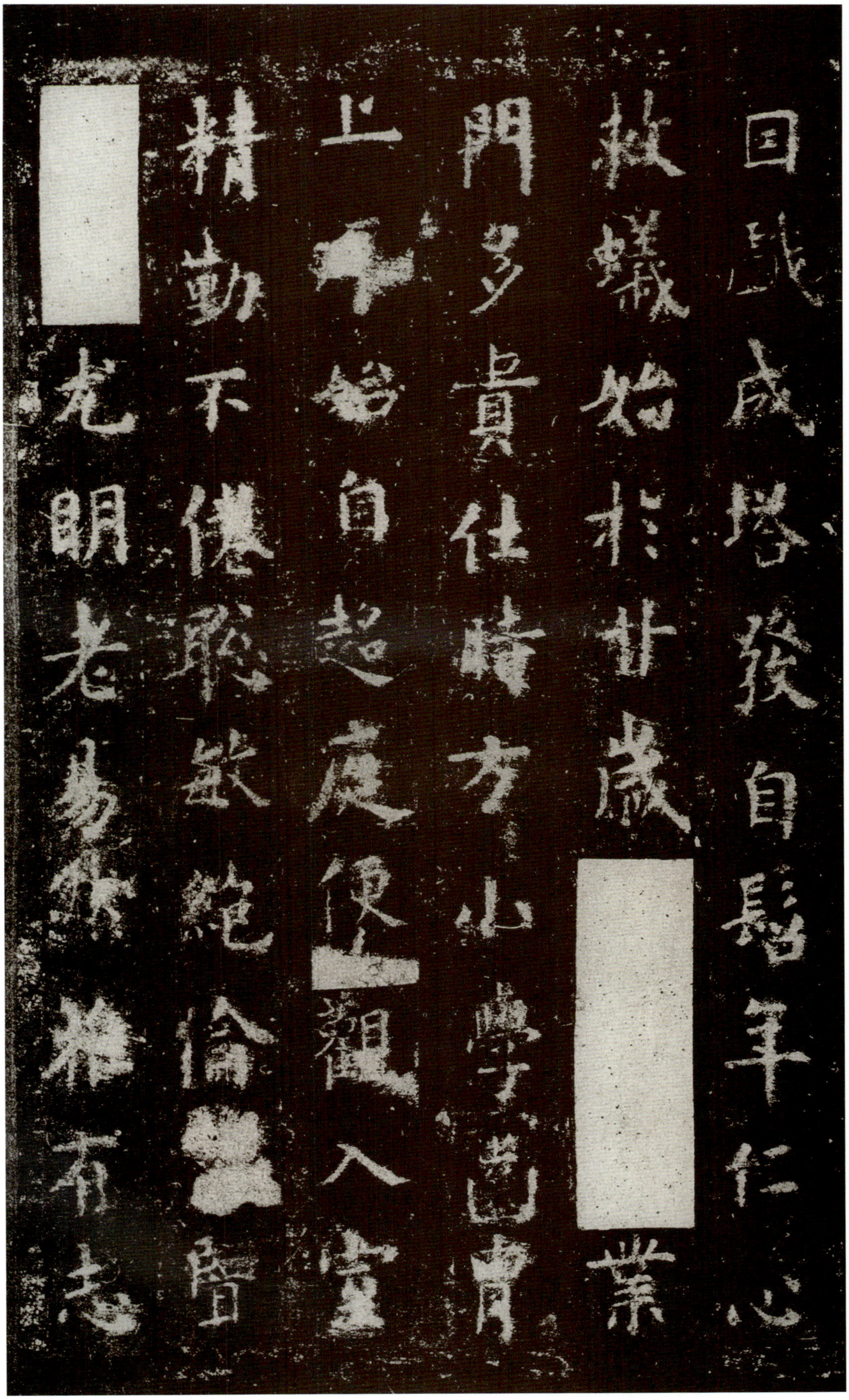

满月：指佛祖。

锱铢：旧制锱为一两的四分之一，铢为一两的二十四分之一。比喻极其微小的数量。这里引申为小看、鄙视。

轩冕：指王公贵族。

丘坟：传说中古代典籍《九丘》《三坟》的简称。这里指为求出仕而读的儒家经典。

尚，高迈俗情，时游僧寺，伏膺释典，风鉴疏朗，豁然开悟。闻法（海之）微妙。毛发同喜；瞻满月之图像，身心俱净。于是锱铢轩冕，糟粕丘坟。年十有三，（违亲）入道于

（违亲）入道于**邺西云门寺**：违亲，不侍奉父母，与父母告别。邺，在今河北省临漳县西南的邺镇。

□**睹暗投**：疑似『明睹暗投』，即表面考察，暗中关注。

邺西云门寺，依止稠禅师。稠公禅慧通（灵），戒行勤苦，道标方外，声溢区中。□睹暗投，欣然惊异，即授受禅法，数日便诣幽深。稠公尝抚禅师而谓诸门徒曰：『五

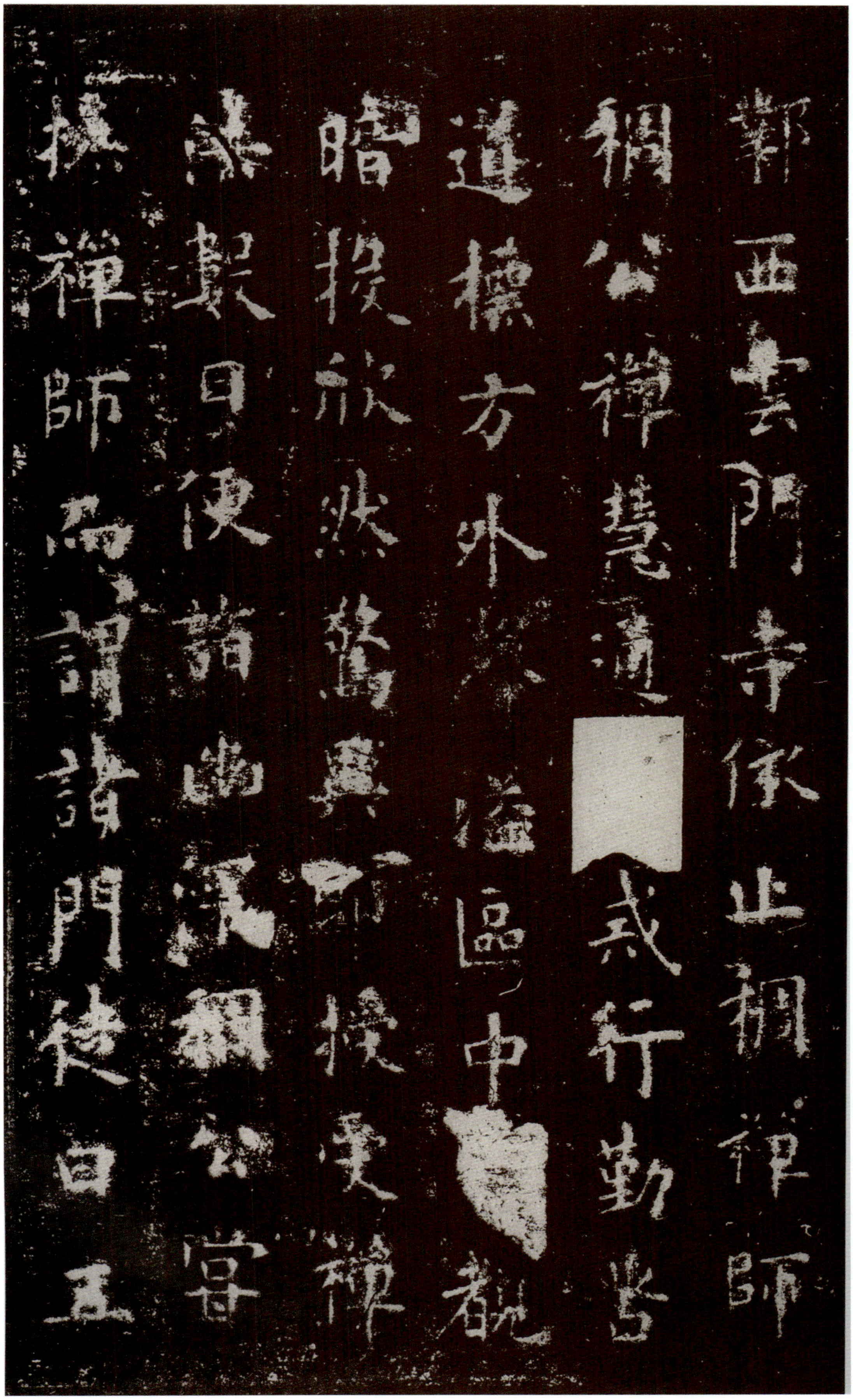

五亭四念：指五停心观与四念处，是佛教修行方法。五停心观，即不净观、慈悲观、缘起观、界分别观、数息观。四念处，即身念处、受念处、心念处、法念处。亭，通『停』。

头陁：也作『头陀』，指僧人。

兰若：即阿兰若，佛教名词。狭义指森林、树林，也指旷野、荒凉之地，广义指供古印度修道人禅修的寂静处。

周武平齐：指北周武帝灭齐。北周灭齐后，武帝召集僧、道、儒等赴殿商议三教优劣，最终以佛教费财、悖道不孝，下令尽毁齐国境内佛教。这是历史上著名的一次灭佛运动。

戢曜：隐匿光辉。

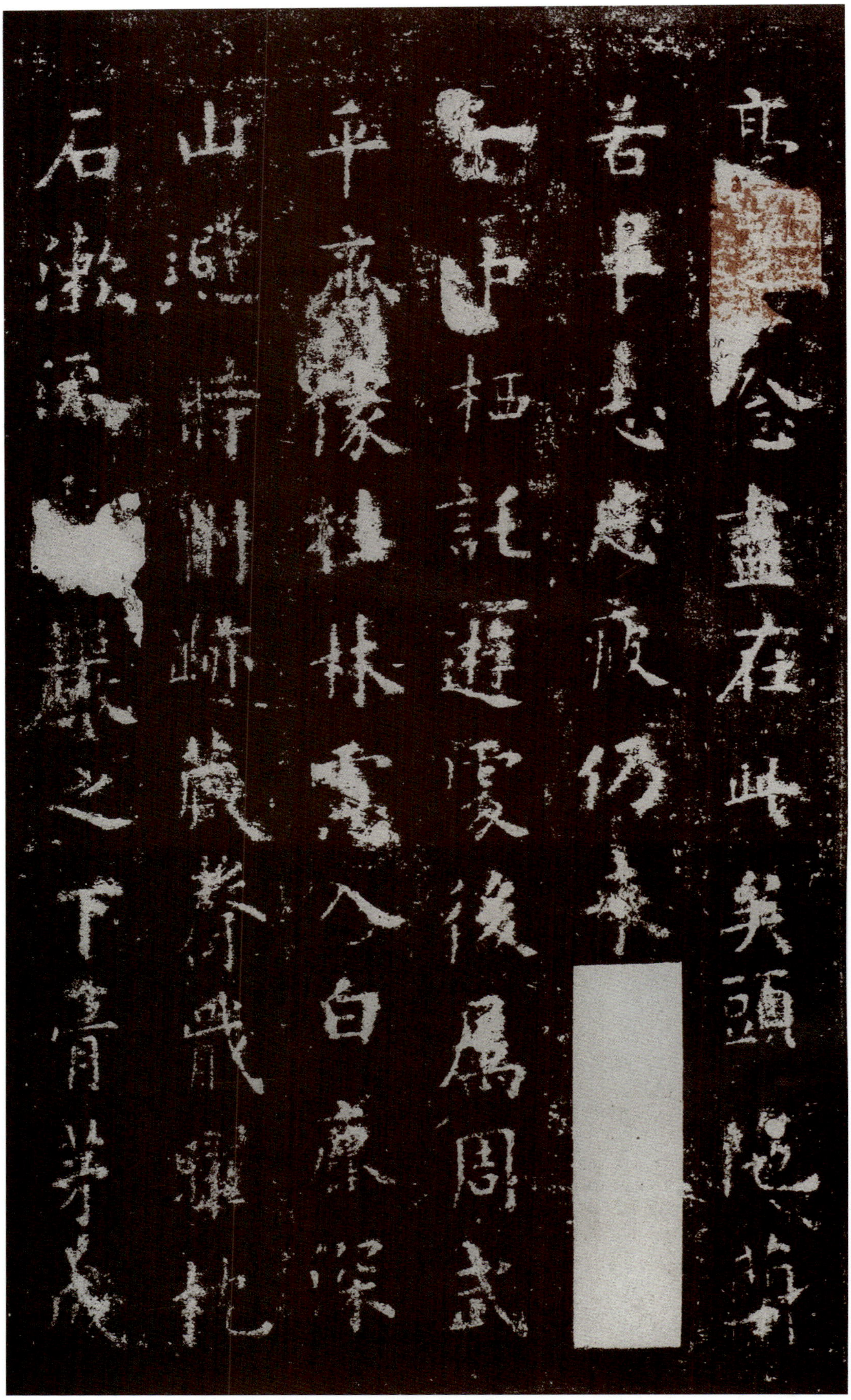

亭（四）念。尽在此矣。』头陁兰 若，毕志忘疲，仍来（往林虑 山）中，栖托游处。后属周武 平齐，像（法隳坏，林□）入白鹿深 山，避时削迹，藏声戢曜，枕 石漱流。（穷）岩之下。葺茅成室。萝裳薜带。□（唯）粪（扫之） 衣；饵术餐松，尝无麻麦之 饭。三径斯绝。百（卉）为群。猛 鸷毒螫之徒，潜形（匿）影；白 鹿青鸾（之）辈，效祉呈祥。每 梵音展礼。焚香读（诵，辄有）奇

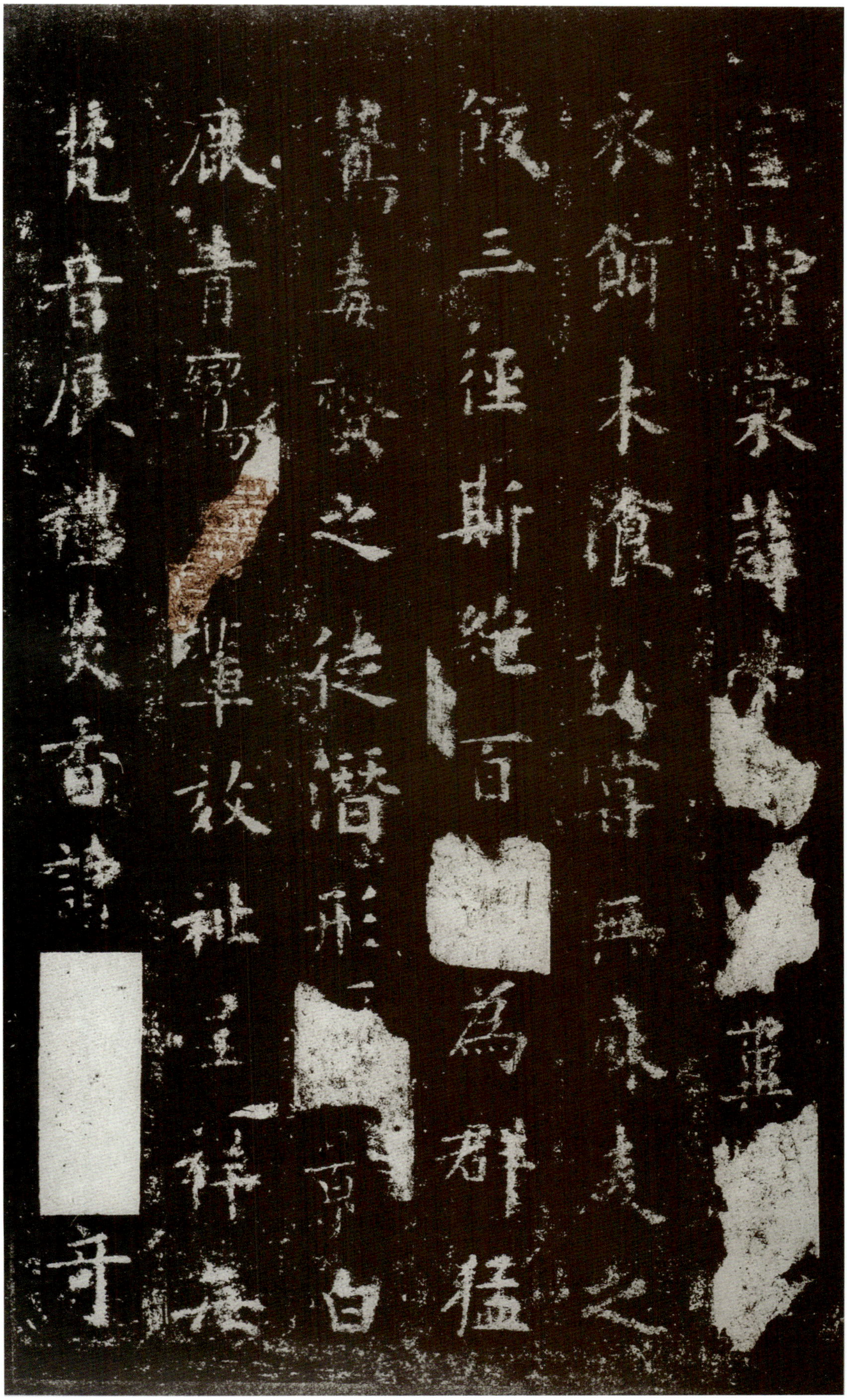

饵术餐松：原本指道家修行成仙之法，这里形容缺乏饮食，生活清苦。

三径：指归隐者的家园。

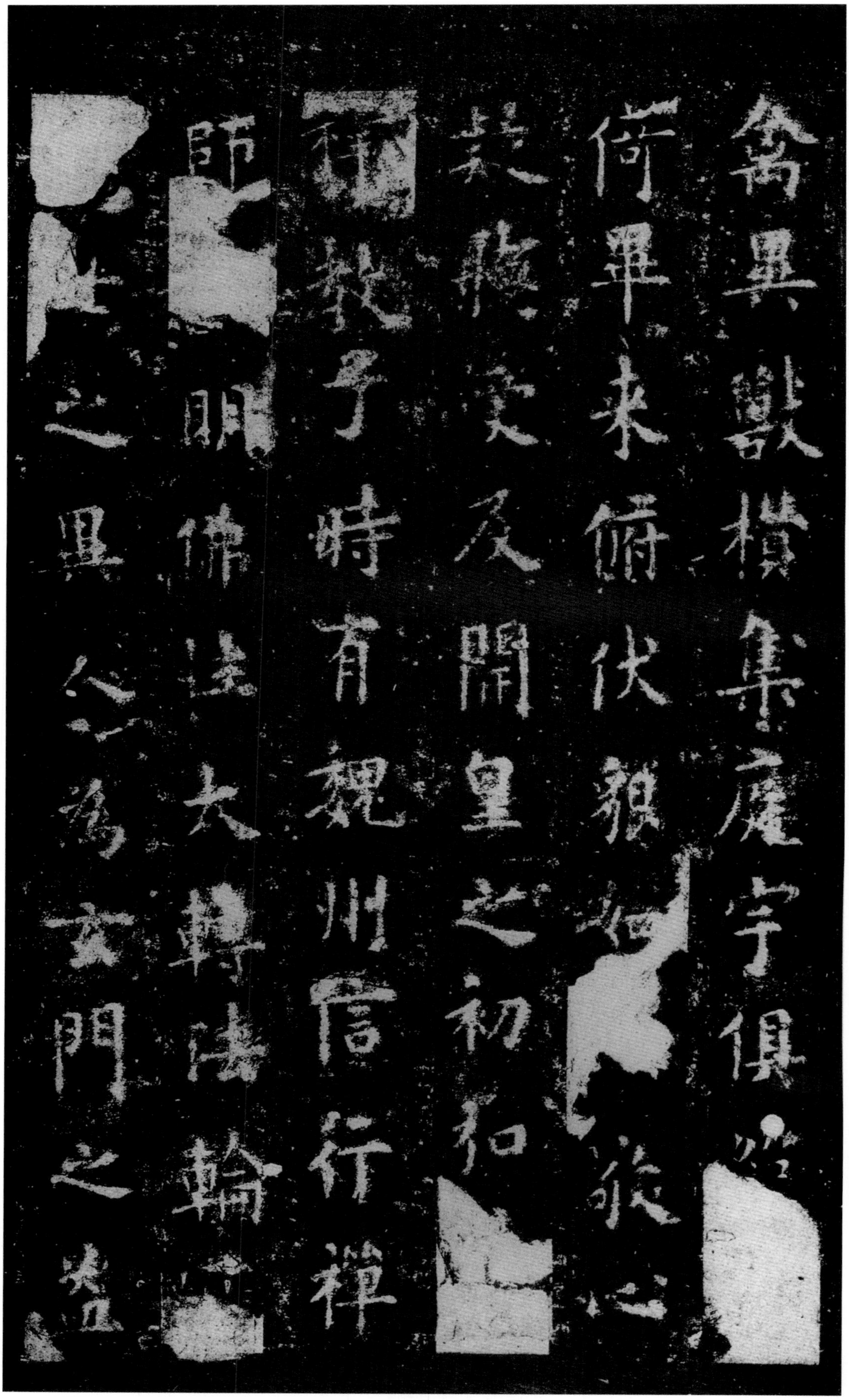

禽异兽，攒集庭宇，俱绝□倚，毕来俯伏，貌如恭敬，心疑听受。及开皇之初，弘（阐）释教，于时有魏州信行禅师，（深）明佛性，大转法轮，（实命世）之异人。为玄门之益

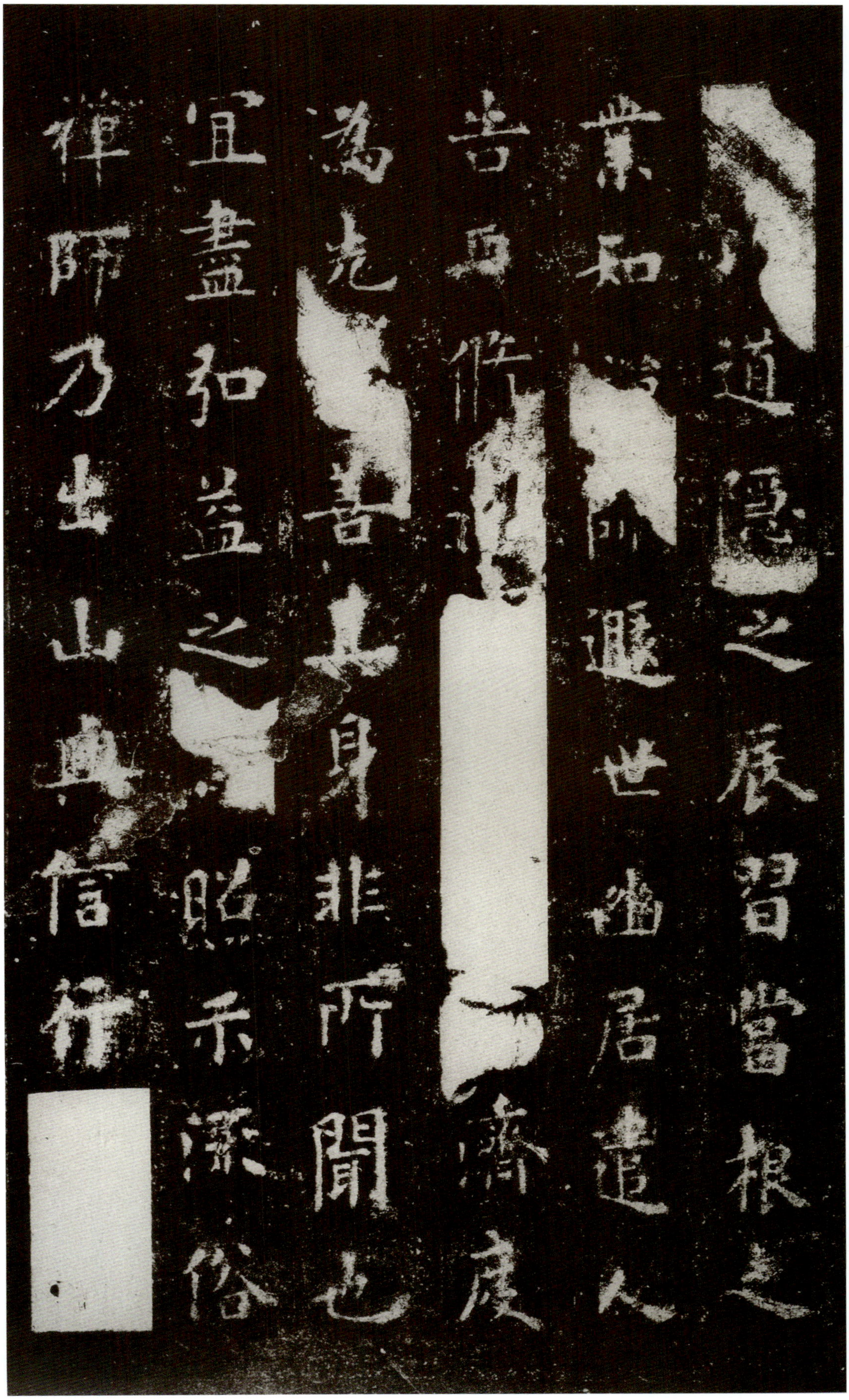

□，（以）道隐之辰，习当根之业，知（禅）师遁世幽居，遣人告曰：『修（道立行，宜以）济度为先，（独）善其身，非所闻也。宜尽弘益之（方），照示流俗。』禅师乃出山，与信行（禅师同修）

遁世：避世。

济度：指救济众生，超度苦海。度，通『渡』。

照：通『昭』。

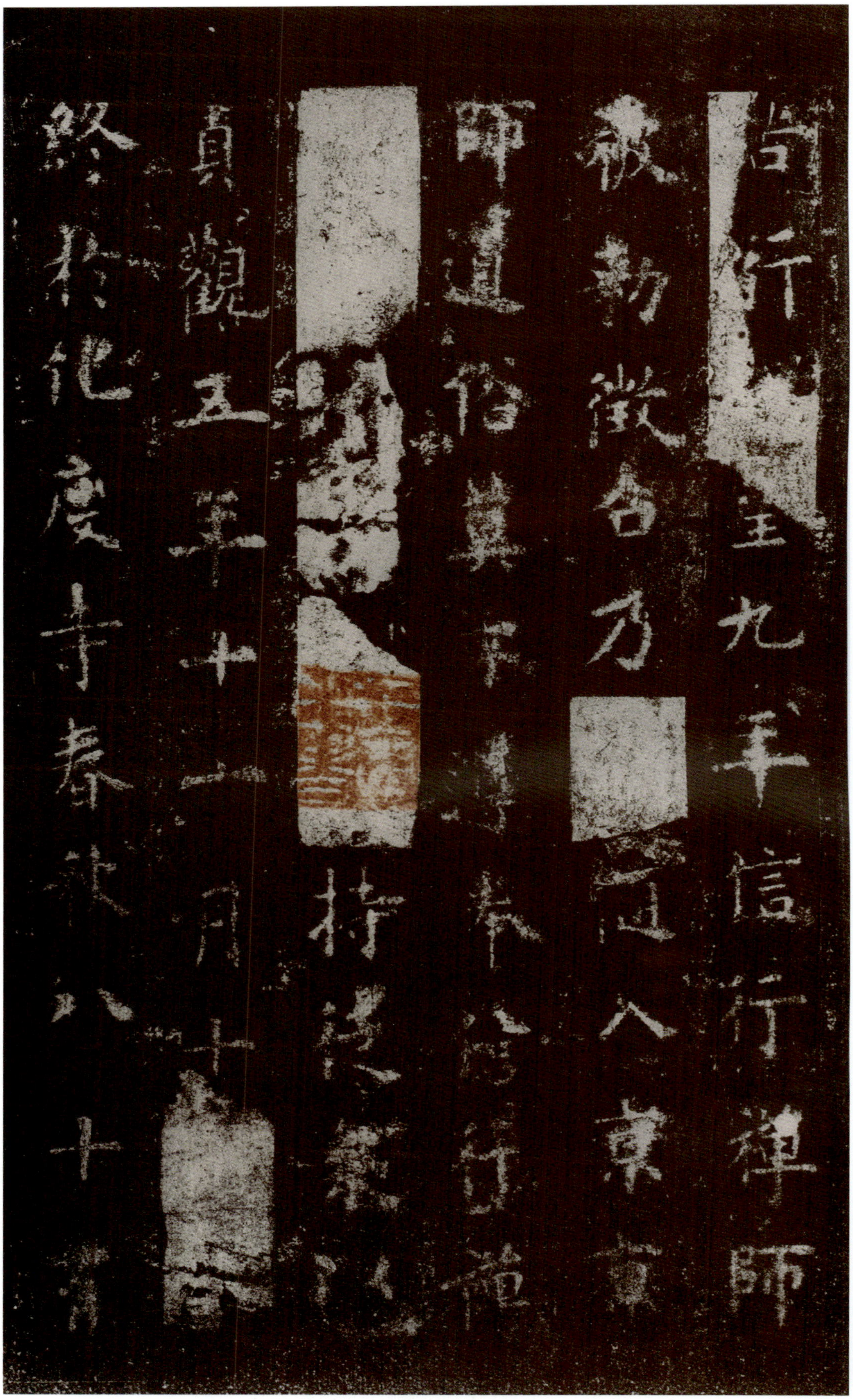

苦行。（开）皇九年，信行禅师 被敕征召，乃（相）随入京。京 师道俗，莫不遵奉。信行禅 （师）□□之□，□持徒众，以 贞观五年十一月十（六日）， 终于化度寺，春秋八十有

鸱鸣埠：又作『鸱号埠』，位于今西安市长安区王庄乡天子峪村附近。埠，同『堆』。

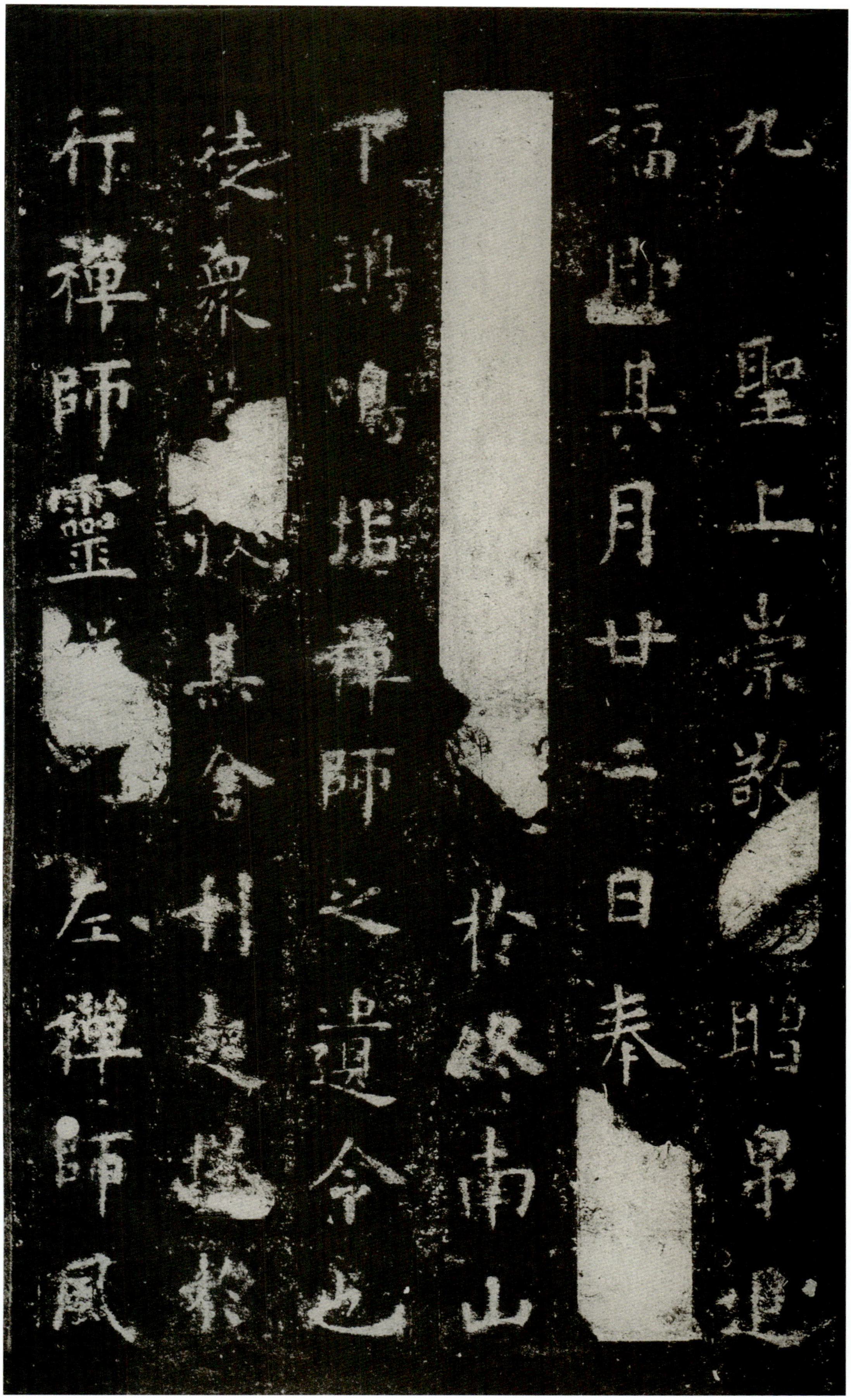

九。圣上崇敬（情深），赠帛追 福，即（以）其月廿二日，奉（送灵 塔□□□□）于终南山 下鸱鸣埠，禅师之遗令也。 徒众（等）收其舍利，起塔于 （信）行禅师灵（塔之）左。禅师风

十二部经：又称十二分教或十二分经。佛说的一切法，类集为经、律、论三藏，分出十二种名称。

五百具戒：原本指比丘尼具足戒之大数。这里泛指僧人的戒律。

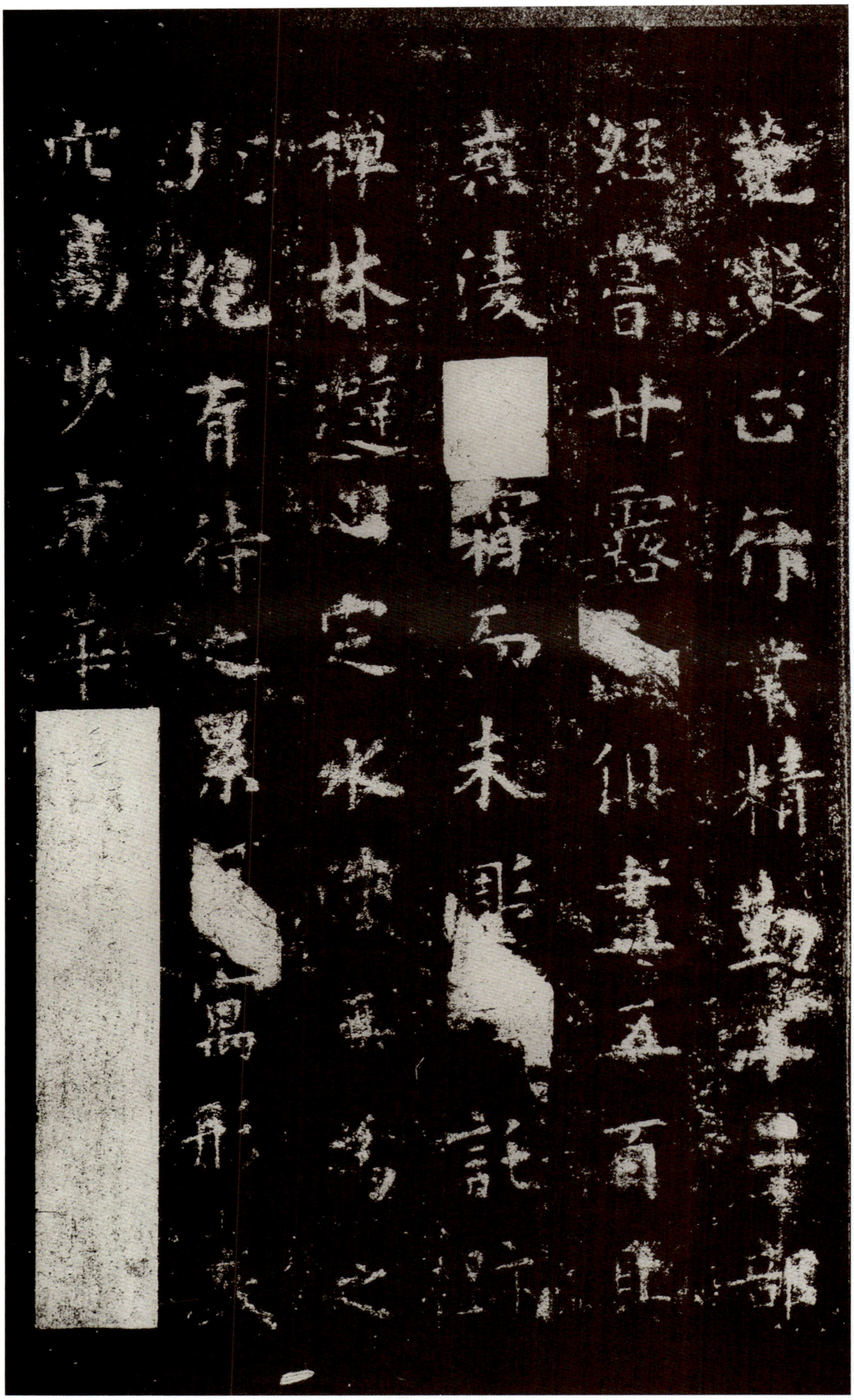

范凝正，行业精勤。十二部经，尝甘露而俱尽；五百具戒，凌（严）霜而未凋。（虽）托迹禅林，避心定水，涉无为之境，绝有待之累，□寓形岩穴，高步京华，（常卑辞屈已），体道藏器。未若道安之游樊沔，对凿齿而自伐（弥）天；慧（远）之在庐山。折桓（玄之致敬人）主。及迁神净土，委质陁林，四部奔驰，十方号（慕，岂）止寝歌辍相，（舍）佩捐

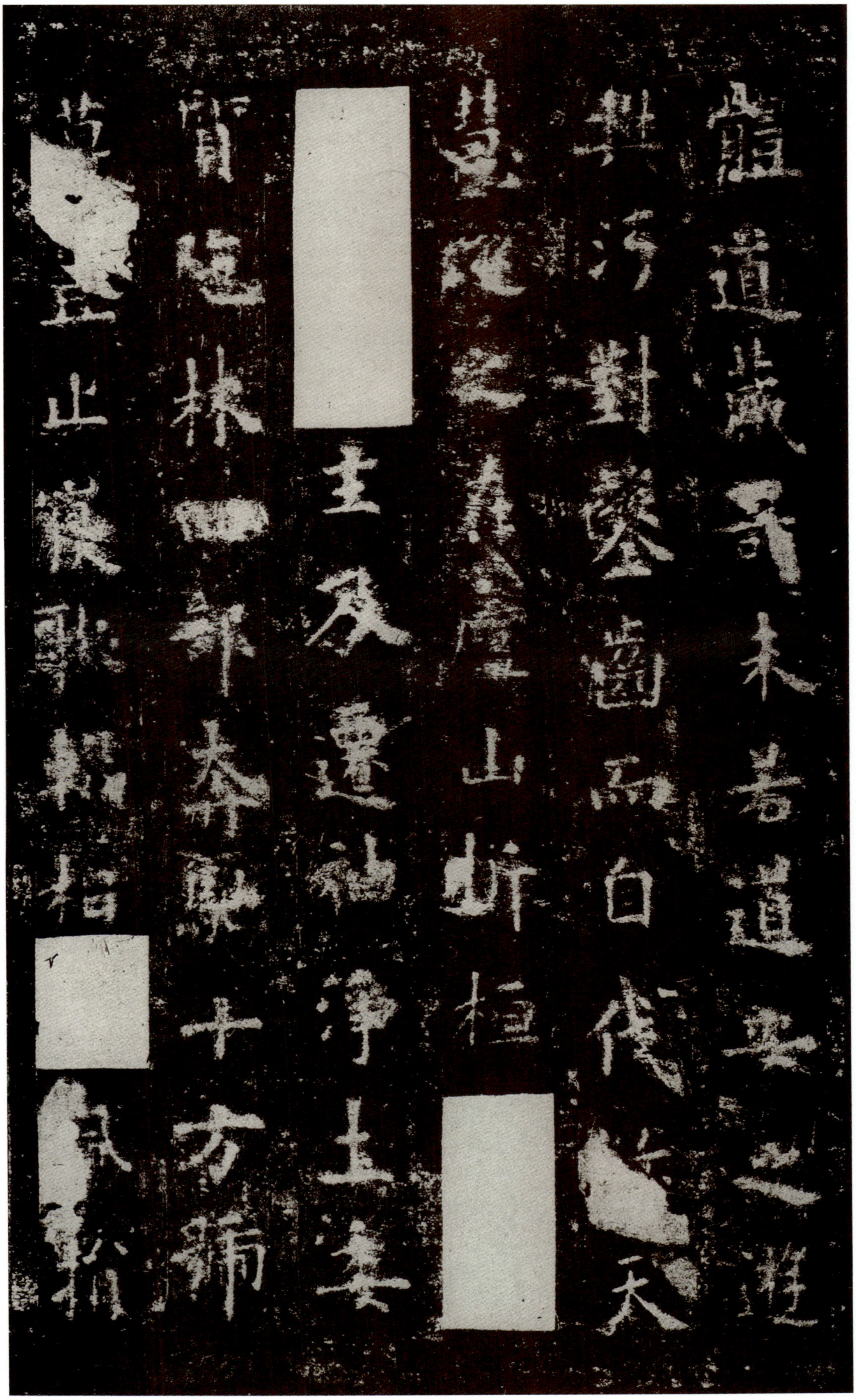

体道藏器：躬行正道，隐藏才干。

道安：东晋高僧。下文的『慧远』『委质』均为东晋高僧。

迁神净土，委质陁林：这里表示僧人圆寂后落葬。委质，献身。

四部：指四部众，指比丘、比丘尼、优婆塞、优婆夷。

十方：指佛经中说的东南西北、四维、上下十方世界。

寝歌：停止唱歌。

辍相：停止舂谷时发出的号子声。

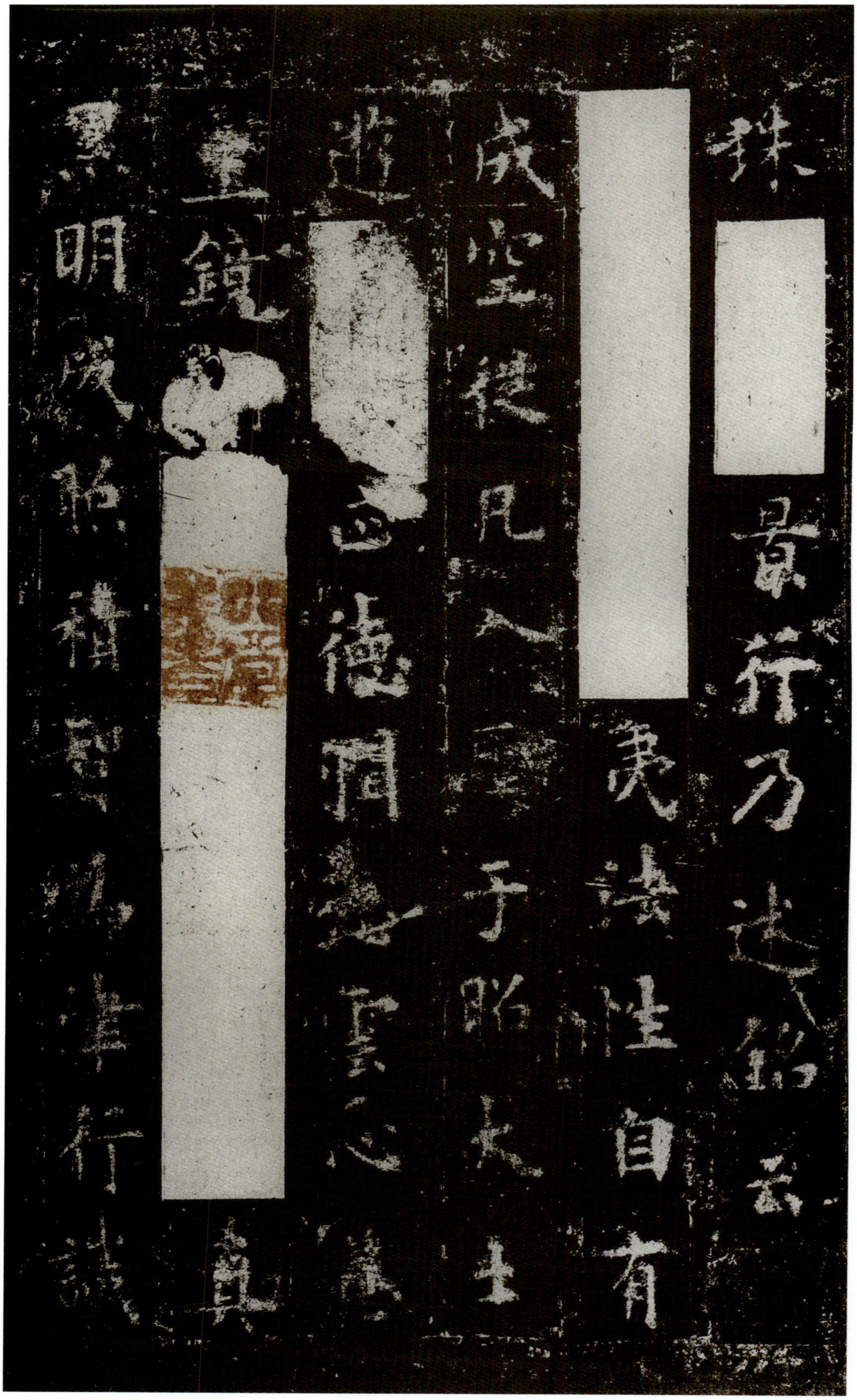

珠（而已？式昭）景行，乃述铭云：（绵邈神理，希）夷法性。自有　成空，从凡入圣。于昭大士，　游□□正。

德润慈云，心悬　灵镜。□（蒙悟道，舍俗归）真。　累明成照，积智为津。行识

希夷：指清静无为、放任自然、虚寂玄妙的境界。

于：表感叹。

昭：昭示。

非想，禅□□□，观尽三昧，情销六尘。（结构穷岩，留连幽谷。）灵应无像，神行匪速。敦彼开导，去兹□□。□（绝）有凭，群生仰福。风火□（妄，泡电同奔。达）人忘己，真宅

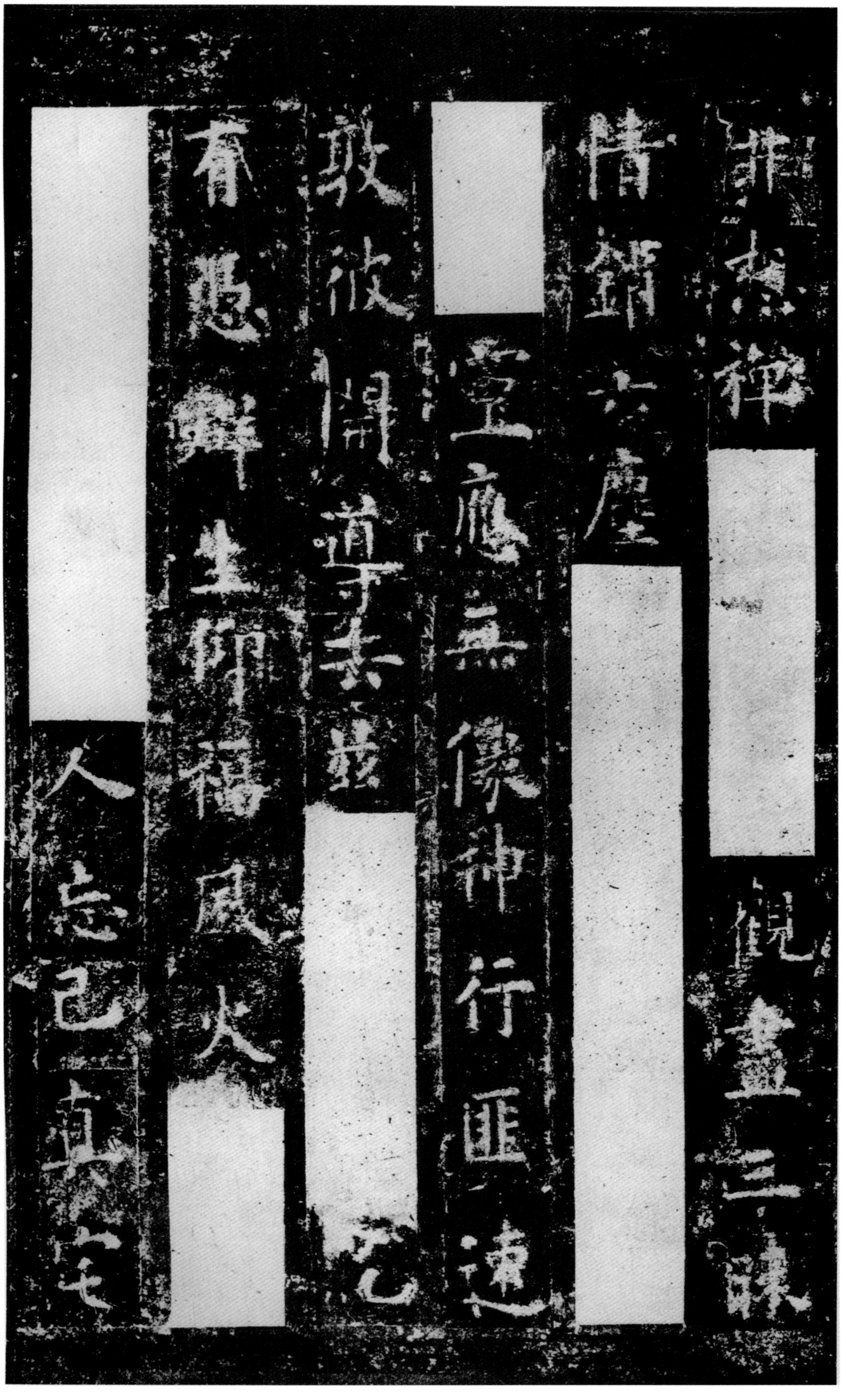

三昧：佛教中指止息杂念，使心神平静，是重要修行方法。借指事物的要领和真谛。

六尘：佛教中指色、声、香、味、触、法，与『六根』相接，便能染污净心，导致烦恼。

风火□妄：此句疑似『风火俱妄』。佛教中称水、火、风为三灾。

泡电：又作『电泡』，指闪电和泡沫，比喻瞬息即逝的事物。

斯存。刹（那）□□，净域□□。□乐永谢，□□重昏。

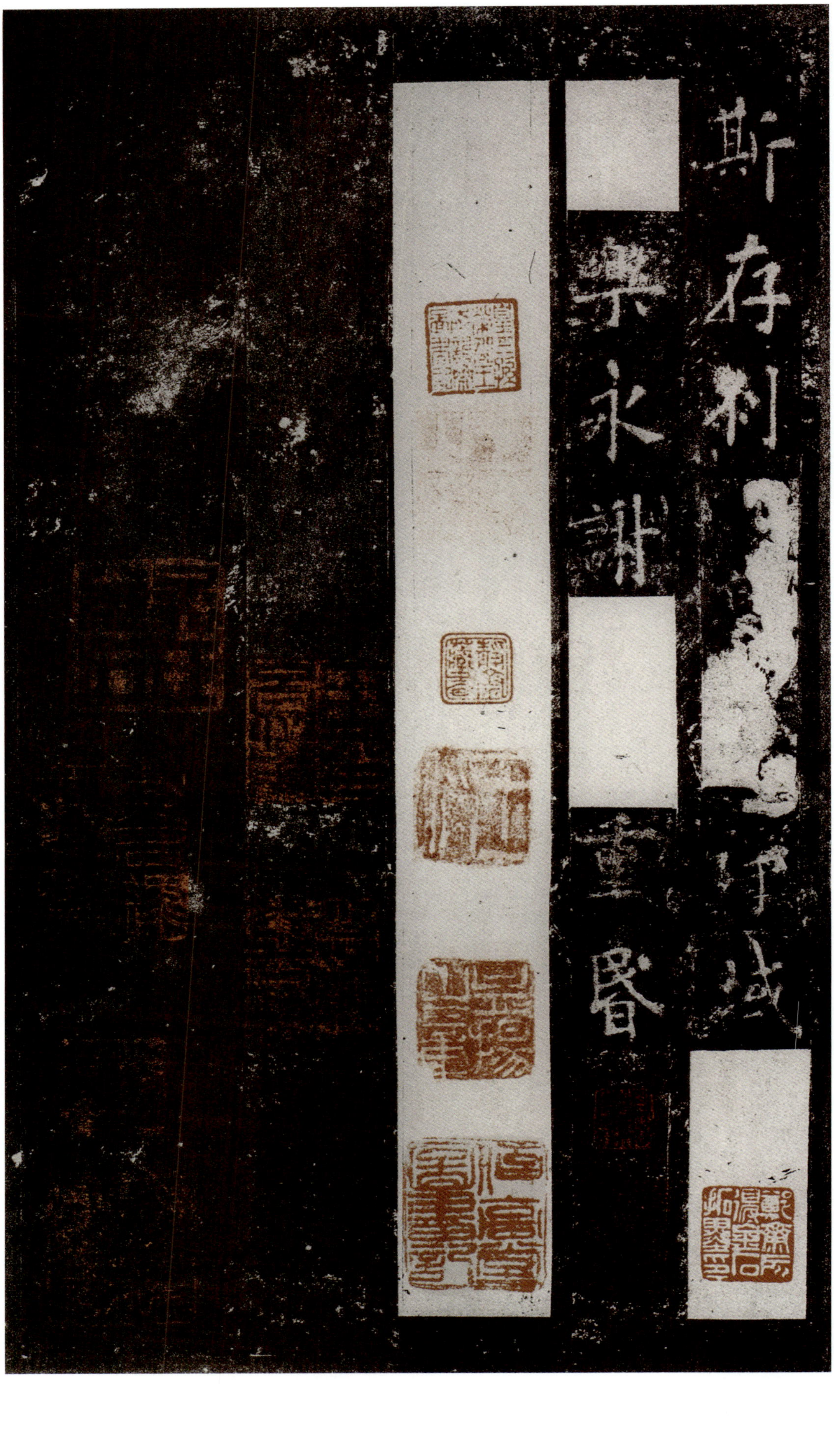

延伸知识

欧阳询的书法早在隋朝就已声名鹊起，远扬海外。进入唐朝，更是人书俱老，炉火纯青。但欧阳询自己却并不满足于已经取得的成就，依然读碑临帖，精益求精。

有一次，欧阳询外出游览，在道旁见到一块西晋书法家索靖所写的章草石碑，看了几眼，觉得写得一般。但转念一想，索靖既然是一代书匠，那么他的书法定会有自己的特色，我何不看个水落石出。于是伫立在碑前，反复观看了几遍，才发现了其中精深绝妙之处。欧阳询坐卧于石碑旁摸索比画竟达三天三夜之久。欧阳询终于领悟到索靖书法用笔的精神所在，因而书法亦更臻完美观止。

同时代书家书风对比

初唐书家，以欧、虞、褚三家为主，三家各具典型。欧阳询书风于紧结峻整中显露险势，在视觉上富有强烈的形式感和刺激性，其楷书备受历代褒奖。虽能写各体书，但篆、隶二书唐时已是古调，故写得中规中矩；草书则非所长，『伤于清雅之致』（《书断》卷中）。若见其个性、传播久远者，还应是其楷书和行书。

虞世南字虚和遒逸，神宇清朗，虽不及欧字那样在视觉上富有强烈的形式感和刺激性，但其字宽和、恬静的韵度，更有耐人寻味的内在魅力。

与欧、虞相比，褚遂良生活的时期在隋朝熏染的底色要淡薄得多，这一点从他在贞观年间书写的楷书作品中可窥一斑。而在他四十余岁时，风格仍在欧、虞两家之间摇摆。直至五十八岁时，褚遂良字才形成独具个性的风格，融通欧、虞二家，笔调活泼新丽。

图书在版编目（CIP）数据

化度寺碑 / 王鹏江主编；大麓书院编．— 沈阳：万卷出版公司，2018.1

ISBN 978-7-5470-4720-0

Ⅰ．①化… Ⅱ．①王… ②大… Ⅲ．①毛笔字—楷书—中小学—法帖 Ⅳ．① G634.955.3

中国版本图书馆 CIP 数据核字 (2017) 第 308367 号

出品人：刘一秀
出版发行：北方联合出版传媒（集团）股份有限公司
万卷出版公司
（地址：沈阳市和平区十一纬路 25 号　邮编：110003）
印刷者：辽宁一诺广告印务有限公司
经销者：全国新华书店
幅面尺寸：215mm × 340mm
字数：18 千字
印张：3
出版时间：2018 年 1 月第 1 版
印刷时间：2018 年 1 月第 1 次印刷
责任编辑：赵新楠
责任校对：张兰华
封面设计：马婧莎
版式设计：范娇
ISBN 978-7-5470-4720-0
定价：19.80 元
联系电话：024-23284090
传真：024-23284448
常年法律顾问：李福